DIE REIHE
Archivbilder

DAS ALTE RODING

Der Marktplatz mit dem alten Rathaus. Beim Neubau der Pfarrkirche (Grundsteinlegung 1959) blieb der Barockturm als Campanile stehen.

DIE REIHE
Archivbilder

DAS ALTE RODING

Josef Kilger

SUTTON
VERLAG

Sutton Verlag GmbH
Hochheimer Straße 59
99094 Erfurt
www.suttonverlag.de
Copyright © Sutton Verlag, 2010

ISBN: 978-3-86680-649-8
Druck: Books on Demand GmbH, Norderstedt, Deutschland

Inhaltsverzeichnis

Bildnachweis und Dank

Mein herzlicher Dank gilt den unten angeführten Personen und Institutionen, die ihre Fotosammlungen nach interessanten Motiven durchsucht haben, um sie für dieses Buch zur Verfügung zu stellen:

Therese Albert: Seite 65; Bayerisches Landesamt für Denkmalpflege: Seite 8, 9, 56 u., 73, 75 u.; Hannelore Bergfeld: Seite 54 u., 82 u.; Rosmarie Biber: Seite 12 u., 37 u., 50 o., 59 o., 95 o.; Adolf Bohrer: Seite 88 u.; Irene Dierig: Seite 27 o., 30 o., 34 u., 35 o., 35 u., 40 u., 41 o., 41 u., 42 o., 42 u., 51 o., 52 o., 53 u., 74 o., 76 u., 79 u., 80 o., 86 o.; Georg Dieß: Seite 16 o., 17 o., 18 o., 22 o. li., 22 u., 26 o., 27 u., 28 u., 29 u., 32 u., 33, 34 o, 39 o., 47 o., 50 u., 52 u., 54 o., 62 o., 62 u., 63 o., 63 u., 71 o., 76 o., 77 o., 79 o., 91, 92 o., 92 u.; Johann Dirscherl: Seite 59 u.; Martha Ebert: Seite 14 o., 70 u.; Franz Grauvogl (+): Seite 77 u., 78 o., 83 o., 83 u.; Josef Heigl, Chamer Zeitung: Seite 90; Erna Hunger: Seite 60 o.; Josef Kilger: Seite 2, 95 u.; Hans Kirmer: Seite 48 u., 49 o., 49 u., 69 o.; Christiane Knödler: Seite 38 o., 38 u., 46 u., 48 o., 57 u., 67 u., 68 o., 69 u.; Gerhard Lehner: Seite 13 o., 13 u.; Roland Matejka: Seite 31 o., 89 u.; Willi Plecher: Seite 43 o., 43 u., 44 o., 44 u., 45 o., 45 u., 64 o., 71 u.; Anneliese Schmidbauer: Seite 58 o.; Elke Schwarzfischer, Foto Koch: Seite 14 u., 58 u., 74 u.; Lotte Schwarzfischer: Seite 84 u.; Alfred Schweiger: Seite 64 u.; Stadtarchiv Roding: Seite 10 o., 10 u., 11 o., 11 u., 12 o., 15 o., 15 u., 17 u., 18 u., 19 u., 20 o., 20 u., 24 o., 24 u., 25 o., 25 u., 26 o., 31 u., 37 o., 46 o., 47 u., 51 u., 60 u., 61 o., 67 o., 70 o., 72 u., 84 o., 86 u., 88 o., 89 o., 93 o., 93 u., 94 o.; Christian Straßburger: Seite 16 u., 29 o., 30 u., 75 o., 80 u., 85 o.; Irmgard Stuiber-Kilger: Seite 22 o. re., 72 o., 81, 82 o., 87; Liane Timper: Titelbild, Seite 19 o., 21 o., 21 u., 23, 28 o., 36 o., 36 u., 39 u., 40 o., 53 o., 66 u., 68 u.; Anna Wittmann: Seite 56 o., 66 o., 85 u.; Irene Zierer: Seite 32 o., 55, 57 o., 61 u.

Literaturhinweise

KREUZER, BARBARA UND RICHARD: *150 Jahre Freiwillige Feuerwehr Roding*, Roding 2010 (Literaturverzeichnis S. 288).

Rodinger Heimat. Jahrbuch des Vereins für Heimatgeschichte und Heimatpflege, Bd. 1–25, Roding 1984–2009 (Verfasser- und Sachregister für die Bände 1–20 in Bd. 20, S. 223–245, für die Bände 21–25 in Bd. 25, S. 162–172).

KILGER, JOSEF: *Das neue Roding 1945–2005 – Mit Ausblicken*, Straubing 2009 (Literaturverzeichnis S. 73–74).

Roding in den letzten 150 Jahren

Roding, die älteste urkundlich erwähnte Siedlung in der Oberpfalz? Fest steht, dass Ludwig der Deutsche in Roding im Jahre 844 eine Urkunde ausstellte. Gewiss, die Römerstadt Regensburg ist älter, hat eine Urkunde aus Stein (179 n. Chr.) und wurde später freie Reichsstadt, doch sie kam erst 1810 zu Bayern und wurde dann Hauptstadt der Oberpfalz. Geschichtlich steht der Hauptstadtrang aber Amberg zu. In dieser Stadt saß auch der Vertreter des Pfalzgrafen oder Kurfürsten der Pfalz. Von 1329 bis offiziell 1628 gehörte die Kuroberpfalz nämlich zur Kurpfalz, musste die Glaubenswechsel zwischen Protestantismus und Calvinismus mitmachen, dann kam sie zu Bayern und wurde wieder rein katholisch. Erst nach Kriegsende 1945 gelangten viele protestantische Flüchtlinge nach Roding, für die man 1954 die evangelische Christuskirche erbaute. Dass Roding im 16. Jahrhundert (also in der pfälzischen Zeit) evangelisch-lutherisch bzw. calvinistisch war, ist heute weitgehend in Vergessenheit geraten.

Das Gebiet, zu dem Roding gehört, galt einst als „gefährliche Ecke": Die Hussiten waren hier, die Schweden und Kaiserlichen ebenso, Spuren hinterließen auch der Spanische und der Österreichische Erbfolgekrieg sowie die durchziehenden napoleonischen Truppen. Österreich war nicht weit, Böhmen war damals ein Teil Österreichs. Die Kriege des 19. und 20. Jahrhunderts fanden in der Ferne statt, doch an den Fronten forderten der Deutsch-Französische Krieg und die beiden Weltkriege viele Opfer. 1945 setzten die Amerikaner der nationalsozialistischen Herrschaft in Roding ein Ende.

Roding – „die Idylle an der Regen-Reib'n" – war einst ein kleiner Marktflecken. Zwei Drittel der Einwohner lebten von Handwerk und Gewerbe. Die Bevölkerungszahl blieb vom 19. bis ins 20. Jahrhundert nahezu unverändert, auch bei der Stadterhebung 1952 zählte man lediglich 2.400 Einwohner. Heute hat die Stadt, auch dank der zwölf Eingemeindungen, etwa 12.000 Einwohner. Straße und Schiene ersetzten die früher stark befahrene Wasserstraße (den Regen), auch wenn der Bahnhof weit draußen lag. Inzwischen ist die Straße wichtiger als die Bahn, die B 85 und die neue B 16 tangieren Roding.

Man bemühte sich, dem Markt ein städtisches Gepräge zu geben, was schließlich 1952 zur Stadterhebung führte. Wichtige Industrieansiedlungen sicherten der Bevölkerung Arbeit und Brot, die Stadtsanierung prägt das moderne Roding (das „neue Roding") bis heute, die Bundeswehr beförderte ebenfalls den wirtschaftlichen Aufschwung in der Region.

Aus dem armen alten Markt ist eine aufstrebende Stadt geworden, die aber seit dem Verlust des Kreissitzes fortwährend dagegen kämpfen muss, dass wichtige Institutionen verlorengehen. Das Krankenhaus ist noch in Betrieb (wenn auch verkleinert), Haupt- und Grundschule sind nach wie vor am Ort. Seit Einführung der Sechsstufigen boomt auch die Realschule. Diskutiert wird allerdings über eine mögliche Verlegung der Berufsschule in die Kreisstadt Cham.

Seit der Stadtsanierung hat sich das Aussehen Rodings gewaltig verändert. Der Ort ist schöner geworden und man kann es in Roding aushalten: „Lust auf Roding" ist zu einem überzeugenden Schlagwort geworden.

Roding, im Juli 2010
Josef Kilger

Luftbild von Rodings Stadtmitte, 1985: Das Bankgebäude oben rechts stand damals schon, ebenso der neubarocke Hotelbau auf der anderen Straßenseite. Im Zuge der Stadtsanierung wird noch manches Gebäude verschwinden, das der Ortskundige auf diesem Bild erkennt.

1

Gebäude, Straßen und Ansichten

Der Marktplatz mit altem Rathaus und dem damaligen Gasthof Reiserer, um 1900. Zwei interessante Details: Zum Zeitpunkt dieser Aufnahme fehlten das Rathaustürmchen und die Figur der Justitia. Das Türmchen war in der zweiten Hälfte des 19. Jahrhunderts niedergelegt worden, die Justitiafigur wohl einer Renovierung unterzogen.

Die westliche Häuserzeile am Marktplatz, von links: Albert Zeitler (Café Rodingia), Schmidbauer, Aumer und Kirmer.

Das älteste Foto von Roding wurde Mitte des 19. Jahrhunderts aufgenommen. Der Markt ist eingerahmt von der Pfarrkirche und dem Landgericht Roding.

10

Die älteste Einzelaufnahme des früheren Landgerichts Roding (seit 1862 Bezirksamt) stammt von 1890.

Das alte Krankenhaus in der Further Straße öffnete nach Veränderungen und Umbauten 1949 wieder seine Pforten. Vorgänger war das Distriktkrankenhaus, Nachfolger wurde das Kreiskrankenhaus. Das Gebäude wird jetzt niedergelegt, um Platz für ein neues Einkaufszentrum zu schaffen: „Rodinger Arkaden".

Das Distriktkrankenhaus im Jahre 1865 aus südwestlicher Richtung gesehen. Auch diese Aufnahme gehört zu den ältesten fotografischen Dokumenten Rodings.

Ein beladener Heuwagen, der von zwei Pferden gezogen wird, auf einer Wiese nordöstlich von Roding.

Das Lehnerhaus an der Kreuzung Schulstraße und Oberer Markt, um 1935. Nach Osten folgten Edererhaus, Rödlhaus und Metzgerei Roidl, schließlich Marchl.

Die veränderte Westfassade des Schuhgeschäfts Lehner: Der Inhaber hatte die Haustüre in die Mitte verlegt, rechts entstand ein großes Schaufenster. Die Verkehrsschilder zeigen, dass man den Oberen Markt damals noch in zwei Richtungen befahren konnte. Die Häuserzeile wurde im Rahmen der Stadtsanierung niedergelegt.

Wo heute ein neues Geschäftshaus steht, war einst der Wohlfasserlhof (Franz Rothfischer). In dem Gebäude führten u.a. Otto und Marianne Pöpperl ein Geschäft, das später auf die andere Straßenseite verlegt wurde und für seine „Handgelaschten" (handgenähte Lederschuhe) berühmt war.

Im zweiten Stock des Kaufhauses Lindinger befanden sich Wohnungen. Das Gebäude ist der Vorgängerbau des heutigen neuen Rathauses. Links sieht man noch einen Teil des Niklashauses.

Blick von Norden auf das Knabenschulhaus von 1903, das spätere Rathaus II. Rechts das Postamt, links die Sparkasse, gegenüber der Lindingerbau, im Vordergrund der Neubau der Pfarrkirche von 1959. Die Aufnahme entstand vermutlich 1959.

Eine Ansicht von Südwesten mit Blick zur Regenbrücke. Die Gebäude im Norden sind gut zu erkennen: darunter das inzwischen aufgelöste Amtsgericht und das Landgerichtsgebäude (Bezirksamt), in dem bis 1972 das Landratsamt des Kreises Roding untergebracht war.

15

Eine alte Fotografie des Rathauses aus der Zeit nach 1900. Das Türmchen und die Figur der Gerechtigkeit sind wieder da! (vgl. Seite 9).

Die Aufnahme von 1930 zeigt die alte Pfarrkirche mit dem Oratorium, der Josefikapelle sowie den östlich und westlich anschließenden Gebäuden. In der nördlichen Stützmauer waren Läden untergebracht.

Das Roblhaus in der Chamer Straße. Das Gebäude musste 2009 dem Großparkplatz des City-Hotels weichen.

In der Warenhandlung der jüdischen Kaufmannsfamilie Friedrich Schwarz konnte man Mehl, Getreide und Kolonialwaren kaufen, aber auch Benzin. Während der NS-Herrschaft emigrierte die Familie nach Amerika. Daneben ist das Glaserhaus zu sehen, auf der Fassade der hl. Pankratius, der hl. Florian und das Heilbrünnl-Gnadenbild. Dieses 1939 abgerissene Gebäude stand beim Osttor des Marktes an der Straße nach Cham, dem Büheltor (Picheltor).

Das Anwesen Georg Dieß. Sein Vater Johann Adam Dieß war approbierter Bader, also eine Art Hilfsarzt für einfache medizinische Dienste. Er konnte zur Ader lassen, aber auch die Zähne ziehen, zugleich war er als Friseur tätig.

Eine Jugenderinnerung, der Gasthof und das Café „Zur Brücke", das an der Fassade mit „geschlossenen Garagen, Zentralheizung und Fremdenzimmern" warb. Im Garten waren für die Gäste Sonnenschirme aufgestellt. Unvergessen ist der damalige Wirt Emmerich Artmann. Rechts erkennt man das Fotogeschäft von Helmut Koch.

Das frühere Kaufhaus Otto Buchner am Marktplatz, unten im Keller befand sich das Brothaus.

Der Marktplatz, von links: Gasthof Reiserer-Lobmeyer, Café Rodingia, Schmidbauer (später Raiffeisenbank, heute italienisches Lokal) und Gasthaus und Metzgerei Aumer.

Das Gebäude des zweiten Rodinger Rathauses war 1903 im neubarocken Stil als Knabenschulhaus errichtet worden. Es wurde bis zum Umzug in das neue (dritte) Rathaus 1996 genutzt.

Das katholische Jugendheim an der Ecke Adolf-Kolping-Straße und Schulstraße im Jahre 1929. In der NS-Zeit okkupierten HJ und NSDAP das Gebäude, bei Kriegsende diente es als Lazarett. In der Nachkriegszeit nutzten die evangelischen Flüchtlinge das Haus als Ersatzkirche, bis 1954 die neue Kirche fertiggestellt war.

Das ehemalige Postamt mit dem Bild des gepanzerten Fischers. Kürzlich wurde an dieser Stelle ein Nachfolgerbau errichtet. Links der Turm des Rathauses II.

Auch an dieses Haus, in dem Josef und Anna Kleas ein Fotoatelier, ein Schuh- und ein Modegeschäft führten, werden sich noch viele Rodinger erinnern. Josef Kleas war im Ort allgemein als „Onkel Kleas" bekannt.

Eine alte Aufnahme mit Blick nach Norden: links die Eisenwarenhandlung Straßburger-Höpfl (heute Sportgeschäft) und Haus Georg Dieß (J.A. Dieß), rechts das Mauerer-Anwesen (Platzerhaus). Für die amerikanischen Panzer, die bei Kriegsende in den Markt hereinfuhren, war es an dieser Ecke zu eng. Das Haus musste weichen, heute steht hier ein Neubau.

Dieses jüngere Foto eines Gartens entstand 1945. Damals hielt man noch Gänse und Ziegen. Auch wenn beide Bilder zeitlich weit auseinanderliegen, wird doch auf beiden der dörfliche Charakter des Marktes deutlich.

Bevor wir uns dem Fluss und dem Brückenbau zuwenden, noch ein Blick über den Regen auf Bezirksamt und Amtsgericht. Der Strom war Segen und Fluch: Er brachte das Hochwasser, konnte aber auch zum Baden und Wäschewaschen genutzt werden.

2

Der Fluss Regen

1936 wurde am Regenufer ein Volksbad eingerichtet.

Schwimmer, Kanufahrer und im Gras sitzende Badegäste – vorwiegend junge Leute nutzten das neue Angebot.

Badebetrieb im neuen Volksbad.

Eine interessante alte Aufnahme vom Regen und der Holzbrücke aus dem Jahre 1880. Die Brückenpfeiler sind aus Stein. Im Hintergrund ist das Weiße Brauhaus zu sehen.

Dieses Foto zeigt die Brückenerneuerung 1896. Wie zu dieser Zeit üblich, wurde auch in Roding die alte Holzbrücke durch eine Eisenkonstruktion ersetzt.

Der Brückenbau 1896 aus einer anderen Perspektive. Im Hintergrund kann man die Angermühle mit dem Sägewerk erkennen.

Beim großen Hochwasser 1954 blieb nur noch wenig Raum zwischen der Brückenunterseite und vorbeiströmenden Wassermassen.

Das Hochwasser von 1954 aus der Luft. Gut erkennbar sind die Häuser in der Regengasse und die Kommunbrauerei auf der rechten Seite. Im Norden und Osten erstreckte sich das Wasser auf einer riesigen Fläche.

Hochwasser in der Regenstraße. Der Fotograf war mit einem kleinen Boot unterwegs.

Ein weiteres Bild von der Regenstraße bei Hochwasser, diesmal im Jahre 1962.

Im Norden breitete sich das Hochwasser aus, links ist die Landgerichtstraße zu sehen.

Manche Bewohner der Regenstraße sicherten den trockenen Zugang zu ihren Häusern durch Leitern. Fortbewegen konnte man sich nur mit kleinen Booten und Kähnen.

Blick auf den Brunnenplatz mit freier Sicht auf die Brunnenkapelle, denn damals stand südlich der Kapelle noch kein Gebäude.

Die Regengasse mit Blick nach Westen. Im Hintergrund ist die 1896 erneuerte Regenbrücke zu erkennen, vorne rechts das Bürstererhaus, daneben das Leebhaus. Ein Bootsmann fährt gerade eine Frau und einen Mann durch die Straße, die Kinder sitzen auf einer über das Wasser gelegten Leiter. Das Foto stammt aus dem ersten oder zweiten Jahrzehnt des 20. Jahrhunderts.

Wieder einmal strömte das Hochwasser durch die Straßen Rodings.

Ein idyllisches Bild vom Regen mit der Petermühle, um 1950. Der Fluss ermöglichte unter anderem auch die Flößerei nach Regensburg – das war eine seiner segensreichen Seiten.

Wäscherinnen im Regen. Mit Schubkarren und Behältern brachten die Frauen die Wäsche zum Fluss. Die Gänseliesl bewachte mit einem Stecken die ihr anvertrauten Gänse. Die Aufnahme entstand in der zweiten Hälfte der Dreißigerjahre.

Waschtag in Roding. Die Wäsche wurde zunächst im Flusswasser geschwenkt und gewaschen, dann klopften die Frauen die nasse Wäsche auf Holzbänken aus – eine körperlich sehr anstrengende Arbeit.

Frauen und Kinder im sogenannten Karree bzw. Bassin des Flussbades.

3

Sport, Theater, Volksfest, Fasching

Anlässlich eines Jubiläums des Fahrradclubs posierten die Mitglieder mit Festabzeichen für ein Gruppenbild. Auch der Pfarrer oder Kooperator war mit dabei (Mitte).

Der Turnverein bei einer akrobatischen Vorführung, um 1930.

Eine Fußballmannschaft in „Zivil", 1938. Es sind nur zehn Leute zu sehen, der elfte war vermutlich der Fotograf.

Gruppenbild eines Rodinger Sportvereins.

Mit einem Umzug am Esper begannen die Bundesjugendwettkämpfe (Bundesjugendspiele) 1951.

Der Mädchenturnverein mit seiner Leiterin (links). Man beachte die züchtigen Kleidchen und die Haarkränzlein!

Der Gesamtturnverein mit den Knaben, Mädchen, Damen und Herren, fotografiert vermutlich 1930.

1896 konnte die Tausendjahrfeier begangen werden. Der „fromme Kaiser" Arnulf hatte der Rodinger Priestergemeinschaft 896 Reliquien des hl. Pankratius geschenkt. Zur Erinnerung an dieses Ereignis wurde ein geistliches Spiel inszeniert, das sechsmal aufgeführt werden musste.

Für das weltliche Theater steht diese Theatergruppe um Schulrat Josef Vogl (stehend als Dritter von links). Ist der ordenbehängte Mann in der ersten Reihe links der Gendarm? Wurde der Mann mit dem Kopfverband angeschossen? Leider kennen wir den Titel des aufgeführten Stückes nicht.

Diese Theatertruppe führte um 1928 wahrscheinlich das Stück „Winzerliesl" auf. Zwei der Männer tragen künstliche Bärte.

Bei dieser Aufführung um 1928 waren viele Kinder beteiligt. Das Stück ist bekannt: „Das Waldvögelein".

Fasching oder Theater? Die Dame links mit dem holländischen Kopftuch weist eher auf eine Theateraufführung hin. Vielleicht handelte es sich auch um eine Faschingskomödie oder eine Operette.

Bei dieser Aufführung im Jahre 1937 stand das Stück „Hänsel und Gretel" auf dem Spielplan.

Theatergruppe um 1925.

Wann sich diese Darsteller vor der Theaterkulisse ablichten ließen, ist leider nicht bekannt.

Eine junge Frau mit einem Verehrer. Auch hier lässt sich der Name des Theaterstücks nicht mehr ermitteln.

Diese Darsteller ließen sich an den Stufen hinauf zur Chamer Straße fotografieren.

Welches Stück diese Truppe wohl auf-
führte?

Diese Theatergruppe ließ sich auf der kleinen Bühne ablichten. Hinten an der Wand ist eine alte
Pendeluhr (Regulator) zu sehen, rechts ein Klavier.

Das Bauernstück „Das Trauringl" wurde um 1950 aufgeführt.

„Ein Mann steht durch" lautete der Titel dieses Theaterstücks, das um 1958 gespielt wurde. Unverkennbar der Darsteller neben der schwarz gekleideten Dame.

Aufführung der Kriminalkomödie „Parkstraße 13" im Jahre 1958. Nach Übermittlung einer schrecklichen Nachricht fiel die Dame des Hauses in Ohnmacht ...

Bei diesem um 1920 inszenierten Theaterstück handelte es sich wahrscheinlich um „Tante Jutta aus Kalkutta".

„Ein Inspektor kommt", um 1959. Wieder erkennen wir den Darsteller am Telefon.

Ein letztes Bild aus der jahrzehntelangen großen Theatertradition in Roding: „Über Land und Meer", 1951. Bevor das Fernsehen Einzug in die Wohnstuben hielt, spielten Theater- und Operettenaufführungen noch eine große Rolle.

Das Foto ist zwar unscharf, aber dennoch ein wichtiges Dokument: Im Rahmen des großen Volksfestes mit Gewerbeschau 1929 wurde erstmals ein Zelt aufgestellt, in dem gemäß eines Magistratsbeschlusses Konzerte (!) stattfinden sollten.

Die Gewerbeschau 1952 wurde im Knabenschulhaus präsentiert, dem späteren Rathaus II. Den Vorplatz schmückten Fahnen und Embleme der einzelnen Berufszweige. Am Ehrenportal waren die Wappen von Roding und den Gaststädten angebracht.

Beim Einzug anlässlich einer Gewerbeschau repräsentierten die Knaben verschiedene Handwerksberufe.

Aufstellung eines Brauereigespanns für den Volksfesteinzug. Die Bierfässer waren bereits aufgeladen. Hinter dem Gespann ist das Kellnerhaus zu sehen.

Gewerbeschau und Volksfest 1952: Hier führen die Rodinger Metzger gerade einen Stier zum Festplatz.

Volksfesteinzug 1952: Vorne sieht man Josef Brantl und Matthias Pongratz, weiter hinten Festwirt Sebastian Kirmer („Wast") mit den Volksfestkellnerinnen. Viele Leser werden wahrscheinlich noch weitere Festzugsteilnehmer erkennen.

Volksfesteinzug: Sebastian Kirmer (Mitte) mit den Kellnerinnen.

Hier bewegt sich der Volksfesteinzug gerade durch die Chamer Straße: vorne die Musikkapelle, dahinter die Ehrengäste und wieder unverkennbar Sebastian Kirmer mit der großen Gruppe der Kellnerinnen.

Die Schiffsschaukel war eine der Attraktionen auf dem Volksfest. Hinten ist der Schlauchtrocknungsturm der Feuerwehr zu sehen.

Nun bewegt sich der Volksfestzug durch die Regenstraße: vorne der Fahnenträger, dahinter der Tafelträger.

Tanzaufführung beim Fasching auf dem Marktplatz. Vorne unterhält ein Harlekin die zahlreich versammelten Zuschauer.

Dichtgedrängt verfolgten die Zuschauer auch den Faschingszug 1938. Eine bessere Sicht hatte man vom Kaufhaus Johann Gross (heute Duscherhaus). Das Gebäude war einst das Buchnerhaus mit dem Brotladen (vgl. Seite 19 oben). Rechts der Pfarrhof.

Auch dieses Pferdegespann mit den verkleideten Kindern gehörte zum Faschingszug.

Mit Motorkraft war dieser Magirus-Lastwagen beim Umzug unterwegs. Wie man am Emblem mit dem Anker erkennen kann, gehörte er der Greinerbrauerei. Im Hintergrund von links das Dießhaus, das Geschäft von Fritz Premm (Tabakwaren, Bürobedarf) und das Kommunbrauhaus.

Auf der Postamtstreppe ließ sich 1938 die Prinzengarde fotografieren. Dahinter kann man das Spitzer-Bejenke-Haus (heute Café Mozart) erkennen.

Faschingsgarde mit Prinzenpaar, 1951.

Eine sehr frühe Aufnahme zeigt das Faschingstreiben auf dem Marktplatz. Im Gebäude dahinter betrieb Anton Aumer seine Gastwirtschaft mit angeschlossener Metzgerei.

Faschingswagen der Stadtfeuerwehr Roding: „Einsatz einschließlich Aschermittwoch." Die Aufnahme entstand vermutlich kurz nach 1952, dem Jahr der Stadterhebung.

4

Gewerbe, Handwerk, Arbeit

Der Brauerei-Gasthof Greiner in der Chamer Straße. Dies ist wohl die älteste verfügbare Aufnahme des Gasthauses, das später den Namen „Zum Goldenen Anker" erhielt und heute zum Hotelkomplex City-Hotel gehört.

Die Buchdruckerei von Xaver Wittmann, um 1920. Hier gab es neben Schreibwaren und Bleistiften auch Rosenkränze und Amulette zu kaufen.

Das Gasthaus von Bürgermeister Georg Haas in der Bäckergasse 5.

Später hieß das einst von Georg Haas geführte Wirtshaus „Gast- und Tafernwirtschaft Johann Kolbeck". Zum Zeitpunkt dieser Aufnahme (1942) gehörte die Gaststätte Georg Zimmerer, heute bewirtet hier das griechische Restaurant „Poseidon" die Gäste. Das Haus gehört zu den ältesten Gebäuden Rodings.

Wirtshaus und Metzgerei Max Rothfischer am Marktplatz.

Der Kolonialwarenladen von Johann Schmidbauer. In den Kolonialwarenläden wurden früher Produkte verkauft, die tatsächlich aus Kolonialgebieten stammten, darunter Kaffee, Kakao oder Tee. Später entwickelten sich daraus kleine Gemischtwarenläden, vergleichbar mit den Tante-Emma-Läden.

Die Metzgerei von Josef Kirmer in der Landgerichtstraße.

Blick durch die Regengasse auf die alte Kommunbrauerei. Links kann man das Dießhaus
erkennen.

Die BayWa mit ihrem neuen Lagerhaus in der Regensburger Straße. Das erste Lagerhaus war
draußen am Bahnhof. 1962 zog man dann in die Schellererstraße um. An dieser Straße stehen
heute Wohnhäuser. Das BayWa-Haus in der Regensburger Straße ist inzwischen modernisiert
und dient anderen Zwecken.

Andreas Rothfischer führte in der Landgerichtstraße eine Häute-, Fell- und Lederhandlung. Im selben Haus war auch die Sattlerei von Wilhelm Schmidbauer untergebracht. Im Haus rechts daneben (nicht im Bild) betrieb der „Bockschmied" seine Schmiedewerkstatt. Damals kam man noch mit zweistelligen Telefonnummern aus.

W. Köpl bot in seiner Werkstatt Wagen- und Möbelarbeiten an. Wagner war früher, als es noch keine Autos gab, ein wichtiger Beruf. Das Herstellen der Wagenräder verlangte viel handwerkliches Geschick.

Der Tapezierer und Sattler Johann Friedl hatte seine Werkstatt in der Berggasse. Tapezierer waren unter anderem für das Polstern von Möbeln zuständig.

Viehmarkt auf dem Marktplatz. Dicht gedrängt stand das Rindvieh bis hinauf zur Schweinemetzgerei Max Rothfischer, aber auch die Bauern und Viehhändler drängten sich auf dem überfüllten Platz. Da links noch das Gasthaus Reiserer zu sehen ist, muss es sich um eine alte Aufnahme handeln. Der Viehmarkt war ein Höhepunkt, zu dem man im guten Anzug und mit Krawatte erschien.

Die Mitarbeiter der Bäckerei Pongratz ließen sich vor dem Haus fotografieren.

Dampfbäckerei von Michael Schmid präsentierte sich bei einem Umzug während der Gewerbeschau mit einem eigenen Wagen.

Hier stellte sich der Bäckermeister mit seinen Gesellen und Lehrlingen in der Backstube für ein Foto in Positur. Das Mädchen im Vordergrund war vermutlich eine Enkelin oder Tochter des Bäckers.

Die Mitarbeiter der Firma Josef Kellermeier ließen sich auf einem Lastwagen ablichten.

Hier zeigte sich der Angermüller mit seinen Leuten dem Fotografen. Aufnahme von 1912.

Stolz präsentierten sich die Holzarbeiter in Trasching mit ihren Arbeitsgeräten. In der Mitte (mit Gewehr) der Förster.

5

Jung und Alt

Gruppenfoto im Kindergarten, 1932.

Auf diesem Kindergartenbild von 1934 sind auch die beiden Schulschwestern zu sehen.

Die 3. Klasse der Mädchenschule ließ sich vor der Südseite der alten Pfarrkirche fotografieren, vermutlich 1915.

Auch dieses Schulklassenbild (Erstklässler?) entstand wahrscheinlich 1915. Die Mädchen waren alle barfuß, Schuhe für die Kinder konnten sich die Eltern damals meist nicht leisten. Die Kinder schauen recht ernst in die Kamera.

Hier eine 4. und 5. Mädchenklasse mit ihren Lehrerinnen, 1926.

Barfuß waren auch die Jungen der 6. und 7. Klasse, 1926.

Auf diesem Bild tragen die Mädchen der 6. und 7. Klasse Schuhe, 1930.

Schulentlassung 1948. Nicht nur die Lehrer trugen Krawatte, sondern auch einige der jungen Herren.

Eine 1. Klasse im Schuljahr 1947/48. Rechts das „Fräulein Lehrerin". Die Anrede Fräulein hielt sich sehr lange, auch wenn die Frauen verheiratet waren. Früher durften die Lehrerinnen überhaupt nicht heiraten bzw. schieden nach der Heirat aus dem Schuldienst aus.

Partie im Luitpoldpark (nach Prinzregent Luitpold) mit Wilhelm Imhof, der diesen Park einst anlegte. Heute trägt der Park an der Falkensteiner Straße seinen Namen: Imhofpark.

Schneeräumen anno dazumal: Franz Rothfischer transportierte den Schnee mit einem Pferdegespann ab. Im Hintergrund die alte Sparkasse, das Knabenschulhaus (Rathaus II) und das Postamt. Alle drei Gebäude sind inzwischen durch Neubauten ersetzt worden.

Zwei Rodinger Originale: links Josef Vogl, rechts Metzger und Gastwirt August ("Gust") Aumer. Josef Vogl dichtete den Text für das Rodinger Heimatlied „Rodinger Reib'n".

Links Karl Lindorfer, Komponist der „Rodinger Reib'n", rechts Dr. Lazik vom Landratsamt.

Ein Hochzeitspaar im Fotoatelier. Die Braut trug ein schwarzes Hochzeitskleid und einen weißen Schleier. Das schwarze Kleid diente dann auch als Totenkleid.

Dekan Johann Baptist Schellerer (1902–1933) – vorne in der Mitte – bei einer Dekanatstagung im Jahre 1930. Bis zur Aufhebung der geistlichen Schulaufsicht nach dem Ersten Weltkrieg war er auch Schulinspektor. Auf dem Foto sind neben den Pfarrern auch Laien zu sehen.

6

Kirche und Religion

Die Regenbrücke mit Blick auf den Kirchturm, die Dächer von Kirche und Pfarrhof sowie auf das Rathaustürmchen.

Der Innenraum der alten Pfarrkirche war ursprünglich im Barock- und Rokokostil gehalten, was an der Kanzel auf der rechten Seite noch gut zu erkennen ist. Mit dem Historismus hielt die Neuromanik Einzug, die sich auf die Form der Altäre auswirkte. Die Umgestaltungen wurden 1893 abgeschlossen.

Schlicht war das äußere Erscheinungsbild der alten Pfarrkirche. Im Jahre 1959 wurde der Grundstein für die neue Pfarrkirche gelegt.

Blick von Süden auf das Kloster der Armen Schulschwestern, dahinter der Ostteil der Kirche, dann folgen Josefikapelle, Annakapelle und das Totengräberhaus. Aufnahme von 1930.

Kirche und Josefikapelle waren aneinandergebaut, hier ein Blick von Norden. Deshalb hatte die Kapelle damals an der westlichen Seite einen Eingang. Die Treppe vom heutigen Paradeplatz zur Pfarrkirche (Kirchplatz) gab es damals noch nicht.

Die Ölbergkapelle an der Südseite der alten Kirche.

Volksmission in Roding: „Rette deine Seele". In der Regel wurden diese Hilfen zur Stärkung des Glaubens und des katholischen Lebenswandels von Kapuzinerpatres durchgeführt.

Einrüstung des Kirchturms. Die Montage oder Restaurierung des Turmkreuzes war damals wahrlich eine waghalsige und gefährliche Arbeit.

1958/59 wurde die Kirche abgebrochen, nur der Turm blieb als freistehender Campanile stehen.

Mit Hilfe eines Bergepanzers der Bundeswehr schob man den Altarblock an die Westwand der neuen Kirche. Der Neubau wurde nämlich nach Westen ausgerichtet, nicht wie beim Vorgängerbau und bei katholischen Kirchen allgemein üblich nach Osten.

Fronleichnamsprozession 1930. Die Honoratioren trugen Frack und Zylinder, die übrigen Teilnehmer schwarze Anzüge und Hut. Helle Anzüge waren damals unüblich.

Der Kreuzweg führt zur Wallfahrtskirche Heilbrünnl hinauf. Die Andachtsanlage links gibt es heute nicht mehr.

Turmbaumaßnahme auf der Sebastianikapelle, wahrscheinlich in den Zwanzigerjahren. Der hl. Sebastian hilft bei Pestgefahr und ist Rodinger Markt- bzw. Stadtpatron.

Erstkommunionkinder mit Kooperator Michael Hofmann.

Die Schlosskapelle Regenpeilstein ist dem hl. Jakobus d.Ä. gewidmet, dem Pilgerpatron für die Wallfahrer auf dem Jakobsweg nach Santiago.

7

Organisationen und Vereine

Festzug zum hundertsten Jubiläum der Feuerwehr im Jahre 1958. Offiziell wurde die Rodinger Wehr 1860 gegründet, weshalb 2010 150 Jahre Feuerwehr gefeiert werden konnten. Damals war man jedoch der Meinung, dass schon 1858 die ersten Löschgarnituren den Beginn markierten.

1963 war der Neubau der Feuerwache gegenüber dem Schulhaus (Rathaus II) fertiggestellt. Der Pfarrer (hier verdeckt) übernahm die kirchliche Weihe, Bürgermeister Ludolf Stuiber übergab den Schlüssel an Kommandant Josef Brantl, den Sohn des Bürgermeisters Brantl. Rechts im Bild ist der unvergessene Josef Haberl zu erkennen.

Hier bewegt sich der Feuerwehr-Festzug durch Roding.

Die Fronfeste war auch das ehemalige Polizeigebäude, bevor der Sitz in die Falkensteiner Straße verlegt wurde.

In der Nachkriegszeit war die Polizei mit dem VW-Käfer unterwegs.

Vor einer Ansicht der Wallfahrtskirche ließen sich einige Rodinger Vereine ablichten. Links im Baumstamm steckt die Fahne des Katholischen Gesellenvereins. Der Kolpingverein wurde 1868 gegründet, 1883 spaltete sich der Burschenverein ab.

Bei dieser Gruppe handelt es sich vermutlich um den Katholischen Jugendverein, der sich vor dem Katholischen Jugendheim für ein Foto aufstellte. Im Seitengiebel und auf der Fahne sieht man den hl. Aloysius von Gonzaga, das Vorbild der Jugend. Links kann man Pfarrer J.B. Schellerer und seinen Kooperator erkennen.

Der Katholische Jugendverein Roding bei einem Ausflug nach Reichenbach, 1931.

1933 konnte der Burschenverein sein 50-jähriges Bestehen feiern. Vorne ist als Vierter von links der Posthalter und Abgeordnete Andreas Rothfischer zu sehen. Die Mitglieder stellten sich vor dem „Gasthof zur Post" und dem Bankgeschäft Karl Schmidt für ein Gruppenbild auf.

Einzug der Tanzpaare beim Burschenball 1954.

Die Bundeswehr zog 1958 in Roding ein und wurde an der Brücke offiziell willkommen geheißen. Die Soldaten wurden akzeptiert und manche junge Dame verliebte sich in die Uniform und ihren Träger. So manche Ehe ging daraus hervor. Die Friedenssicherung der Bundeswehreinheiten aus Roding (z.B. im Kosovo) findet Anerkennung.

8

Krieg

Musterung im Roding, vermutlich 1937. Viele der Personen auf diesem Bild kennt man noch, beispielsweise Ludolf Stuiber und Karl Schwarzfischer. Richtig fröhlich wirken die meisten nicht.

Am 18. April 1920 kehrten die Kriegsgefangenen des Ersten Weltkriegs nach Roding zurück. Dort schritten sie in einem feierlichen Zug über die Regenbrücke. Magistrat, Bezirksamt und Pfarrei hatten die Begrüßung organisiert, in den Wirtshäusern gab es an diesem Tag ein Freimahl.

Das Kriegerdenkmal in Strahlfeld wurde 1921 eingeweiht.

Vor dem Postamt war eine Rednertribüne aufgebaut, die Gauleiter und Kreisleiter für eine Kundgebung nutzen. Davor hatten sich die örtlichen Vertreter der NS-Organisationen versammelt.

Elf Jahre nach Kriegsende: 1956 empfing Bürgermeister Josef Brantl den letzten Heimkehrer aus russischer Kriegsgefangenschaft. Offensichtlich war auch der Bayerische Rundfunk bei diesem Ereignis dabei.

Roding.				
Bitzenbauer Johann	Lehner Franz	Weigert Georg	Schweiger Johann	Heimerl Mirhael
55.J.R.2.Kp.+19.7.16.Brieulles.	6.J.R.3.Kp.+17.10.18.Ainsauville.	6.J.R.+17.1.16.Königshütte.	13.R.J.R.+8.7.16.Nürnberg.	6.J.R.7.Kp.+30.7.16.Fleury.
Eder Johann	Lobmeyer Josef	Allenkreuth.	Schweiger Xaver	Kerscher Johann
11.J.R.+27.4.16.Bois d'Ally.	6.J.R.12.Kp.+30.7.16.Fleury.	Berger Josef	6.F.R.R.+5.6.17.Bischofsgrün	6.J.R.12.Kp.+20.8.14.Hanorourt.
Erkert Josef	Lugauer Jakob	16.R.J.R.3.Kp.+19.5.16.Fromelles.	Braunried.	Schoierer Ludwig
M.G.91.+1.6.17.Epoye.	L.R.+30.3.16.Stryj.	Bindl Martin	Babl Georg	19.J.R.+10.5.15.Buonaille.
Erkert Lorenz	Meillinger Johann	21.J.R.2.Kp.+12.3.15.Neu-Chapelle.	6.J.R.8.Kp.+25.9.16.Somme.	Schweiger Franz
137.J.R.+23.2.16.Grodno.	28.J.R.4.Kp.+12.8.17.Forsani.	Gäbler August	Gleixner Josef	13.R.J.R.+9.10.16.Pelka.
Erkert Karl	Oswald Sebastian	6.Ch.R.1.Esk.+9.5.16.Arras.	23.R.J.R.7.Kp.+25.7.18.Rupilly	Slangl Mirhael
32.J.R.+4.11.18.Verpel.	28.J.R.+19.8.17.Mararesti.	Hausladen Georg	Paulus Johann	6.J.R.11.Kp.+27.3.18.Anrhe.
Friedl Josef	Premm Franz	14.R.J.R.+24.8.4.Cold'Urbais.	14.R.J.R.+18.8.14.Weiler.	Weber Johann
9.F.R.6.Batt.+30.10.16.Vinny.	3.Jäg.R.+22.8.17.Soveja.	Hofinger Georg	Schwarzfisrher Joh.	3.F.R.R.10.Bll.+30.6.17.Kaslowa.
Furhs Franz	Premm Ludwig	6.J.R.5.Kp.-24.3.13.Bullecourt.	10.R.J.R.+10.5.16.Arras.	Mitterdor F.
7.L.R.10.Kp.+8.11.17.Lay.	6.J.R.+1.1.16.Chambly.	Mauerer Johann	Schwarzfisrher Georg	Bauer Franz
Greiner Mirhael	Pongratz Eduard	6.J.R.12.Kp.+16.5.16.Verdun.	11.J.R.+14.9.14.Prailaux.	13.J.R.3.Kp.+6.11.18.Marseilles.
J.L.R.+18.6.18.Holzkirchen.	6.J.R.+11.4.16.Bois d'Ally.	Schmidbauer Anton	Horhbrun.	Elsner Mirhael
Gruber Robert	Pongratz Heinrich	6.J.R.10.Kp.+27.10.16.La Basee	Bräu Georg	9.J.R.1.Kp.+6.11.16.Wylstheete.
20.R.J.R.12.Kp.+12.3.16.Neu-Chapelle.	9.F.R.R.+18.7.16.Merne.	Schreiner Andreas	10.R.J.R.9.Kp.+6.4.18.Cambrai.	Fink Franz
Grüneis Rupert	Schnellbögl Johann	6.J.R.9.Kp.+8.9.14.Remeroville.	Engl Josef	23.R.J.R.3.Kp.+9.4.18.Armenlieres
23.R.J.R.+31.7.17.Bukowina.	10.R.J.R.+23.4.16.Neuville.	Schweiger Jakob	5.R.Ch.R.+21.10.14.Aleix en Gohelle.	Fink Franz
Hartl Georg	Siebenhahl Heinrich	6.J.R.3.Kp.+26.9.16.Gueuderourt.	Heuberger Johann	14.J.R.1.Kp.+12.12.17.Bullecourt.
6.R.R.3.Bt.+7.6.18.Rupilly.	6.J.R.+16.10.14.St.Mihiel.	Simel Johann	23.R.J.R.+27.7.17.Stanislau.	Hofinger Josef
Heubl Johann	Sindthauser Johann	25.J.R.3.Kp.+13.10.18.Deinze.	Meier Josef	8.L.R.10.Kp.+8.1.17.Jngolstadt.
6.J.R.+19.4.16.Bois d'Ally.	17.J.R.+17.6.17.St.Mihiel.	Steinbauer Franz	6.J.R.9.Kp.+5.5.19.St.Mihiel.	Hornauer Josef
Heuberger Josef	Sindthauser Ludwig	14.R.J.R.11.Kp.+22.1.17.Saillisch.	Niklas Wolfgang	6.J.R.1.Kp.+16.8.16.Verdun.
14.R.J.R.+10.7.16.Maslamarz.	6.J.R.+23.4.16.Amberg.	Weber Johann	14.R.J.R.8.Kp.+21.15.Bande Sapt.	Jrrgang Georg
Juglreiter Georg	Steiner Hermann	6.J.R.12.Kp.+8.9.14.Champenoux.	Steinbauer Josef	2.Srh.R.R.3.Esk.+15.8.14.Lenreville.
1.Ch.R.1.Esk.+12.10.14.Lille.	28.J.R.4.Kp.+11.8.17.Batinesti.	Weber Max	11.J.R.12.Kp.+26.7.16.Verdun.	Virhtl Georg
Juglreiter Josef	Stritter Ludwig	21.J.R.+20.9.17.Barrloere.	Kalsing.	6.J.R.6.Kp.+18.8.14.Weiler.
J.M.+16.3.16.Nordsee.	6.J.R.6.Kp.+9.1.17.Verdun.	Weigl Johann	Draml Alois	Niederhofer Andreas
Kerscher Ludwig	Ströbl Franz	2.M.G.R.+29.7.16.Duhs.	6.J.R.6.Kp.+9.10.17.Barrloere.	6.J.R.10.Kp.+16.10.14.St.Mihiel.
6.R.R.4.Kp.+27.7.17.Regensburg.	14.R.J.R.5.Kp.+18.4.17.Reims.	Beurrherling.	Gregori Mirhael	Niemeier Andreas
Kleas Josef	Weber Josef		20.R.J.R.12.Kp.+12.3.16.Neu-Chapelle.	11.J.R.6.Kp.+12.7.17.Arras.
62.R.J.R.+19.6.16.Barenkopf.	3.R.J.R.2.Kp.+12.7.16.Uls.			Niemeier Leonhard
				6.J.R.8.Kp.+7.7.17.Arheville.
				Meimeier Ludwig
				23.R.J.R.+2.6.16.Kilbel.

Die Gedächtnisstätte für die Gefallenen des Zweiten Weltkriegs befindet sich jetzt im Untergeschoss der Josefikapelle, zuvor war sie in der Sebastianikapelle. Auf drei Tafeln sind die Gefallenen des Ersten Weltkriegs vermerkt – hier im Bild die Tafel an der Westwand der Kapelle. Die Gedenktafel für die Opfer des Siebzigerkriegs ist an der Südseite der Annakapelle angebracht.

9

Dorf und Dorfgemeinde

Trasching: Die Kirche stand zum Zeitpunkt dieser Aufnahme noch südlich der heutigen B 16. Der nördlich davon gelegene Neubau am Hang wurde erst 1932 errichtet.

Regenpeilstein: Ort und Burg (Schloss). Als hier noch Flößerei betrieben wurde, befand sich unten am Regenufer das Mauthaus („Safranmaut").

Strahlfeld: Das ehemalige Schloss wird heute als Dominikanerinnenkloster genutzt.

Ein weiteres Motiv aus Strahlfeld: links das Wackerhaus, rechts das alte Forsthaus. Die Aufnahme entstand wahrscheinlich um die Jahrhundertwende oder früher. Nachdem Strahlfeld lange zum Herrschaftsbereich adliger und klösterlicher Hofmarksherren gehört hatte, gelangte der Ort 1865 an den bayerischen Staat.

Postkartengruß aus Oberkreith. Der Weiler gehörte einst zur Hofmark Strahlfeld, dann zur Gemeinde Mitterdorf, schließlich zu Roding. Oben sieht man eine Bauernfamilie im Obstgarten, unten einen der damals noch unbefestigten Wege.

Gruß aus Oberprombach.

Postkartengruß aus Oberprombach. Dieser Weiler fand schon 1200 urkundliche Erwähnung. Er gehörte teils zur Klosterhofmark Reichenbach, teils zur Hofmark Strahlfeld. Später gehörte Oberprobach zur Gemeinde Kalsing und kam mit dieser zu Roding.

Obertrübenbach – „die Siedlung am trüben Bache". Bis zur Gebietsreform 1971 war das Dorf eine eigenständige Gemeinde. Bekannt ist Obertrüben-bach vor allem durch seine uralte Wehrkirche, die jetzt nach Abschluss der Renovierung als Ausstellungs- und Veranstaltungsraum genutzt wird. Man beachte die noch unbefestigte Straße im Vordergrund.

Wetterfeld mit der Ulrichskirche. Der Ort war bis 1799 Sitz eines Pflegers – so nannte man den Vertreter des Herzogs vor Ort –, ab dann Sitz eines Landrichters. Roding gehörte zum Pflegamt Wetterfeld. Schließlich nahm das Landgericht seinen Sitz in Roding.

Die Gemeinde Regenpeilstein kam schon 1946 zu Roding, Trasching, Strahlfeld, Obertrübenbach und Wetterfeld folgten bei der Gemeindereform 1971, die Weiler Oberkreith und Oberprombach gehören seit der Eingemeindung von Mitterdorf und Kalsing zu Roding. Das „störrische" Altenkreith („Kreith bleibt Kreith") kam erst 1978 hinzu. So hat Roding 13 Gemeinden aufgenommen. Das aktuelle Foto zeigt die neue Pfarrkirche und das neue Rathaus.

Die Heimat entdecken!

Von Kiel bis Wien,
von Aachen bis Görlitz:
Entdecken Sie Alltagsgeschichten
aus Ihrer Heimatstadt!

Leben in der Großstadt ...

Tauchen Sie ein in das quirlige Großstadtleben vergangener Tage. Spazieren Sie über breite Boulevards und stürzen Sie sich ins Nachtleben. Erkunden Sie ihre Stadt durch die Fensterscheiben einer Straßenbahn oder des ersten Käfers und bewundern Sie prächtig geschmückte Schaufenster.

... und ländliche Idylle

Wie sah das Leben in Ihrer Heimat aus, als die Bauern noch mit Pferden pflügten und jedes Dorf seinen eigenen Schmied hatte, jeder noch jeden kannte und das Leben sich zwischen Kirche, Wirtshaus und Wohnküche abspielte?

Erinnerungen an die Schulzeit …

Erinnern Sie sich noch an die Zeiten von Abakus und Schiefertafel, an Klassenausflüge oder den ersten Taschenrechner? Blicken Sie zurück auf große Klassen und gestrenge Schulmeister, entdecken Sie auf Klassenfotos Freunde und Bekannte von früher!

... und das Arbeitsleben

Entdecken Sie, wie sich das Arbeitsleben in den letzten hundert Jahren verändert hat.
Werfen Sie einen Blick in Fabrikhallen, blicken Sie Handwerksmeistern bei ihrer Arbeit
über die Schulter und erinnern Sie sich an den Einkauf im Tante-Emma-Laden.

Gesellige Stunden im Verein …

Fußballclub und Schützenverein, Musikkapelle und Gesellenverein: Schauen Sie zurück auf Volksfeste und Turniere, Chorproben oder Prunksitzungen. Erinnern Sie sich an schöne Stunden und das gesellschaftliche Leben in Ihrer Heimat.

... und im Familienkreis

Werfen Sie einen Blick in die Wohnzimmer vergangener Tage und entdecken Sie, wie sich zwischen schweren Eichenmöbeln, Nierentischen und Ikea-Regalen der Alltag verändert hat. Erleben Sie Familienfeiern und Weihnachtsfeste im Wandel der Jahrzehnte mit.

Zeitfracht Medien GmbH
Ferdinand-Jühlke-Straße 7
99095 Erfurt, Deutschland
produktsicherheit@kolibri360.de

Druck:
CPI Druckdienstleistungen GmbH
im Auftrag der
Zeitfracht Medien GmbH
Ein Unternehmen der Zeitfracht - Gruppe
Ferdinand-Jühlke-Str. 7
99095 Erfurt